Ali Zaoua,
prince de la rue

300 rue Léon-Joulin,
31101 Toulouse Cedex 9, France.
www.editionsmilan.com

ISBN : 978-2-7459-6267-6
Loi 49-956 du 16 juillet 1949
sur les publications destinées à la jeunesse

Nathalie Saugeon

Ali Zaoua, prince de la rue

d'après le film
de Nabil Ayouch
Scénario : Nathalie Saugeon
et Nabil Ayouch

MILAN

1

Avant, je croyais qu'il y avait la terre, la mer et le ciel. La terre pour l'habiter, la mer pour se laver et le ciel pour les oiseaux. Ali m'a dit qu'il existait autre chose qui mélangeait un peu tout ça : une île. Et pas n'importe laquelle. Une île au-dessus de laquelle brillent deux soleils…

Ali Zaoua, c'était mon meilleur ami. Il était un peu plus âgé que moi ; il avait quinze ans. Il connaissait Casablanca comme sa poche. Mieux que moi, et mieux qu'Omar et Boubker.

Ali et moi, on était inséparables.

Je m'appelle Kwita. Je ne peux pas dire exactement depuis combien de temps je vis dans la rue.

Je ne sais pas si j'ai treize ou quatorze ans, ma mère ne s'en souvient pas. Mais je dis « quatorze » quand même. Je ne sais pas quel jour on est mais une chose est sûre, c'est l'automne car le soleil brille un peu moins fort.

On dort dehors, on mange dehors, on fait tout dehors. Les enfants qui ne vivent pas comme nous, ceux qui vont à l'école et qui changent tout le temps de vêtements, nous observent parfois. Ils regardent nos orteils qui dépassent de nos sandales et ils font la grimace. Pourtant, quand on leur dit qu'on n'a de comptes à rendre à personne, qu'on est aussi libres que les mouettes, je sens qu'ils auraient envie d'être à notre place. Mais ils n'osent pas quitter leur maison. Il faut dompter sa peur pour vivre dans la rue.

Je dis « dans la rue » mais ce n'était pas tout à fait ça. Grâce à Ali, on vivait au port de pêche. C'était un repaire introuvable, un petit carré de pierre entouré d'eau, tout au bout d'une jetée. En face, de l'autre côté de l'eau, on voyait les sardiniers amarrés et plus loin, d'immenses paquebots. Des immeubles flottants qui partent pour l'Espagne ou la France. Tout le monde rêve d'aller là-bas, il paraît qu'on y vit mieux.

Ali avait tout aménagé pour nous quatre : un grand plastique épais sous lequel on pouvait tous dormir. Une plaque de métal pour faire griller des sardines. Un seau pour laver nos vêtements, nos slips surtout. Et Boubker s'était empressé d'inventer des pièces. Il avait tracé des lignes à la craie, par terre, pour les délimiter. Il passait son temps à les enjamber.

– Ici, c'est la chambre. Là, c'est le salon avec vue sur la mer… Là, c'est les chiottes. Là, attention, c'est la cuisine !

Boubker disait cela avec beaucoup de sérieux, comme s'il était déjà grand. Alors que c'est un bébé, il n'a que neuf ans. Nous, on ne voyait que des traits au sol mais lui, il imaginait tout : une télé dans le salon, une baignoire dans la salle de bains, un vrai lit à la place du plastique. Est-ce qu'il ne ferait pas mieux de retourner vivre chez son oncle ? Si on lui demande, il hausse les épaules et il se met à chahuter pour qu'on rigole le plus vite possible. Boubker sourit presque tout le temps. Il a le corps couvert de cicatrices et, parfois, je me demande si son sourire n'est pas non plus une cicatrice, vu qu'il semble gravé sur sa figure. Mais il pleure aussi.

Normal, il est petit.

S'installer au port, c'était une grande nouvelle. Même pour Omar qui est rarement content. Personne pour nous réveiller en pleine nuit, personne pour nous voler nos affaires… Bien planqués, quoi.

Ali était le plus courageux de nous quatre. Il se faisait appeler « Ali Zaoua, Mâchoire d'acier ». Il prétendait qu'il pouvait tirer les voitures rien qu'à la force de sa mâchoire. Il accrochait une corde aux rétroviseurs, il la mettait entre ses dents, il avançait, et la voiture suivait. Je ne l'ai jamais vu faire. En revanche, son courage, je l'ai vu.

Parce que Ali, c'est le seul qui ait osé quitter la bande de Dib*. Dib, c'est un grand. Encore plus qu'Ali. Ce qui fait que tous les enfants ont peur de lui. Il est sourd ; il paraît que c'est en prison qu'on lui a bousillé les oreilles. Du coup, il n'arrive plus à parler et il produit de drôles de sons comme les animaux.

Lui et sa bande vivent dans une cimenterie désaffectée, en plein cœur de la ville. Dib s'affale souvent sur son vieux fauteuil déchiré, au premier étage de son domaine. Vu qu'il est le chef, c'est le seul à pouvoir s'y asseoir. Les autres restent par terre, autour de lui.

Dib ne supporte pas l'idée qu'on puisse quitter sa bande et, comme tout le monde le craint, aucun enfant n'ose jamais partir. Il a un couteau pour égorger les poules. Pas seulement les poules. Si quelque chose ne lui plaît pas, il ne réfléchit pas : il sort son couteau. Ensuite, il peut le planter

* Les mots ou groupes de mots suivis d'un astérisque sont expliqués dans le lexique en fin d'ouvrage.

n'importe où. Dib veut tout contrôler, tout posséder. Même l'argent qu'on gagne en revendant des chewing-gums ! Un jour, je l'ai vu s'énerver après un petit qui avait caché de l'argent dans sa chaussure. D'un geste, avec son couteau, Dib lui a coupé un bout d'oreille.

Moi, il me terrorisait. Sans Ali, on ne serait jamais venus au port. Omar, Boubker et moi, on serait sans doute restés avec toute la bande, dans la vieille cimenterie désaffectée. Les uns sur les autres, à attendre que les jours passent. Et Dib, lui, aurait continué à nous donner des ordres, du haut de son trône déchiqueté.

2

Ce jour-là, ce jour de soleil pâle, je m'en souviendrai toute ma vie. On était dans un chantier désert, au pied d'un immeuble en construction. Omar et Boubker jouaient au foot avec une boîte de conserve. Ali m'a entraîné à l'écart. De là, on voyait toute la ville en minuscule et la mer, immense, au loin… Ali est devenu très sérieux :

– Je vais partir, Kwita.

– Où ça ?

– Sur mon île.

J'ai tourné la tête vers la mer, pour cacher mon envie de pleurer. Il avait l'air si déterminé, je crois que je ne l'avais jamais vu comme ça. Il a jeté un coup d'œil autour de lui et il a sorti de sa poche un petit objet brillant, un peu comme une montre.

– Ce n'est pas une montre, a rectifié Ali, c'est une boussole. Son aiguille indique le nord. Du coup, en pleine mer, quand tu n'as plus aucun repère, tu sais toujours où tu te situes. Et mon île, elle se trouve à l'ouest.

Ali m'avait souvent parlé de cette île aux deux soleils. Et ce jour-là, il était prêt à partir.

– Tu imagines, Kwita ? Si les deux soleils ne se couchent pas en même temps, ça veut dire qu'il ne fait jamais nuit sur mon île.

Il disait « mon île » comme il aurait dit « ma maison ».

Ali voulait être marin. Depuis toujours. Quand on lui demandait pourquoi, il répondait simplement :

– Parce que. C'est ça que je veux faire.

Et il avait tout prévu. Il connaissait le capitaine d'un navire. Il était prêt à embarquer. Au début, il allait faire des petites choses, aider à nettoyer, donner des coups de main…

– Et puis un jour, tu verras, je serai un vrai marin ! Avec un bel uniforme !

Ses yeux brillaient d'excitation. J'aurais voulu répondre à son sourire mais j'avais la bouche trop serrée :

– C'est pour ça que tu nous as emmenés vivre au port ? Mais alors, tu nous abandonnes ?

– Mais non, n'aie pas peur. Vous pouvez vous débrouiller sans moi, maintenant. Tu veilleras sur Omar et Boubker. Et puis, toi et moi, on est comme des frères jumeaux. On pensera l'un à l'autre. La nuit, on regardera les étoiles et, même si on est loin, on verra la même chose en même temps ! Tu sais, Kwita…

Il n'a pas eu le temps de finir sa phrase. À l'extérieur du chantier, une voix s'est mise à crier :

– La vie…

Des dizaines de voix ont poursuivi :

– … c'est de la merde !

C'était la devise de la bande de Dib. Omar et Boubker se sont figés. On n'a pas eu le temps de réagir. Autour de nous, une meute d'enfants sortis de nulle part nous observait comme des rats. Certains avaient une pierre dans la main.

Dib est arrivé, le visage mauvais. Il était nettement plus grand que nous. Il a marché doucement, comme un loup, tout en rentrant ses yeux dans les miens. Dib aurait été capable de me tuer rien qu'avec son regard. Un enfant a dit à sa place :

– Vous revenez à la cimenterie !

Et Dib le sourd s'est encore approché. Ali s'est planté devant lui pour me protéger :

– On revient pas, Dib. ON REVIENT PAS !

Il a dit ça lentement pour que Dib puisse lire sur ses lèvres.

Dib a levé la main. Aussitôt, des pierres se sont mises à pleuvoir de partout. Omar et Boubker ont couru s'abriter derrière un bulldozer. Moi, je me faisais tout petit dans le dos d'Ali.

Soudain, une pierre est venue heurter sa tête. Et là, je n'ai plus rien compris. C'est encore flou dans ma mémoire.

Ali s'est écroulé par terre comme un pantin. Les yeux ouverts. Je n'avais jamais vu autant de sang. Il ne bougeait plus.

Dib a reculé. Lui aussi était sidéré de voir cette mare rouge qui s'agrandissait autour de la tête d'Ali. Il a fait quelques pas maladroits puis il a rebroussé chemin pour s'enfuir. Tous les enfants de la bande l'ont suivi aussitôt.

On est restés tous les trois, complètement ahuris, sans oser le toucher. Il n'avait pas l'air de souffrir. Simplement, il ne bougeait plus et ne répondait plus.

Quelques mouettes se sont mises à crier au loin, vers la mer. J'étais comme paralysé, incapable de faire un geste. Le silence me faisait mal au crâne. J'ai regardé autour de nous : le chantier était désert. Pas même un chien errant… Ça ressemblait plus à un rêve qu'à notre vie.

C'est Omar qui a prononcé le mot « mort ». Moi, je ne l'écoutais pas. Je voulais que ce soit Ali qui parle à ce moment-là. Omar, je m'en fichais. Mais Ali restait immobile. J'ai pensé : « Quand est-ce que le sang s'arrêtera de couler ? » J'ai dû rester comme ça un long moment. Boubker était figé, aussi hébété que moi. Omar n'était plus là, je ne m'en étais même pas aperçu. Je l'ai juste vu revenir avec un vieux chariot.

J'avais de la brume dans la tête. J'ai pourtant aidé Omar à soulever le corps d'Ali. Ensemble, on l'a calé dans le chariot. On l'a recouvert de papier journal et on l'a poussé jusqu'à notre repaire, au port.

Quand la nuit arrive, elle fait peur, elle déguise tout. Même sur notre carré de pierre entouré d'eau, qui nous protège malgré tout…

On l'a couché à côté de nous. Il ne bougeait toujours pas.

Je n'ai pas réussi à m'endormir. J'espérais voir Ali se réveiller. Alors je lui parlais. À force de le regarder, j'ai cru le voir bouger. J'ai réveillé les deux autres :

– Il a bougé ! Il a bougé !

Boubker m'a fait un sourire plein d'espoir :

– Il n'est pas mort, alors ?

C'est Omar qui a cassé notre espoir et, malheureusement, il avait raison. Omar venait de la campagne et il avait déjà vu un mort.

Le jour commençait à se lever et je ne pouvais pas m'imaginer qu'il serait sans Ali. J'ai pris sa boussole. Je l'ai mise dans ma poche pour avoir un peu de lui avec moi.

Soudain, on a entendu des pas se rapprocher. Des voix d'adultes. Peut-être des policiers ou des vigiles... J'ai tout de suite saisi les jambes d'Ali et Omar l'a pris par les bras. Où l'emmener ? Omar était paniqué :

– La cave ! La cave !

La cave, c'était un gros trou dans notre carré de pierre. Boubker l'avait appelé comme ça. On n'y était jamais descendus. On a porté Ali jusqu'au trou ; son corps pouvait facilement y entrer. Omar m'a dit tout bas :

– Lâche-le !

Je ne pouvais pas. Je tenais toujours les jambes d'Ali. Les hommes se rapprochaient ; on pouvait même entendre ce qu'ils disaient :

– Si, si, il y a des gosses là-bas !

– Lâche-le, je te dis ! a crié Omar.

Je ne pouvais pas laisser tomber mon ami dans un trou. Je savais qu'il était mort, qu'il ne pouvait plus rien sentir mais je ne pouvais pas le balancer dans un trou comme un chien !

Omar m'a donné un coup de pied et j'ai lâché Ali malgré moi. Je l'ai entendu tomber au fond. Encore aujourd'hui, j'ai le bruit de sa chute dans ma tête. Je n'ai pas eu le temps de crier : il fallait fuir. Si les policiers nous avaient trouvés, ils nous auraient enfermés.

On a détalé sans un mot, c'était le plus urgent.

3

On déambulait dans les rues, tous les trois, sans Ali. Comme des fantômes.

Omar et moi, on a sniffé le fond de Silucione qui nous restait. La Silucione, c'est une colle qui sent fort. C'est à cause d'elle qu'on nous appelle les *Chemkaras**. Souvent, on la respire quand on a trop faim. Quand on a peur aussi... Après avoir sniffé, on a l'impression que le monde est plus grand et plus sûr. Et si quelqu'un nous tabasse, on n'a pas mal. Mais c'est plus tard, quand on n'est plus sous l'effet de la Silucione, qu'on sent la douleur. Alors on est obligés d'en reprendre. Boubker se moque de nous parce qu'on ne peut plus s'en passer. Il dit qu'on ressemble à des drogués. Il a raison.

Ce jour-là, je me sentais trop orphelin pour résister à l'envie de sniffer.

– Quand même, on ne meurt pas à cause d'une pierre ! répétait Omar.

Moi, je me répétais autre chose : on l'a jeté dans un trou, comme un chien ! Je n'avais même pas envie de pleurer, j'avais envie de hurler. Boubker n'était plus la petite mouette rieuse que je connaissais. Il suçait son pouce en silence. Et puis, il a dit :

– Kwita, qu'est-ce qu'on va faire ?

Omar l'a regardé :

– Pourquoi tu lui demandes ça, à lui ?

Boubker n'a pas su quoi répondre, il a remis son pouce dans la bouche et j'ai explosé :

– Ali, c'était un prince ! On l'a jeté comme un chien mais c'était un prince !

– Tu aurais préféré qu'on se fasse choper ? a crié Omar. Au moins, il est dans sa cave. C'est vrai, il n'y a que lui qui y allait ! De toute façon, si on ne s'était pas barrés de la bande, ça serait jamais arrivé !

Je l'ai regardé. J'ai senti qu'il avait envie de me mettre un gnon parce que Omar, il est comme ça, il aime bien mettre des gnons. Pourtant, je n'ai pas eu peur. J'étais ailleurs. Même si mes deux copains étaient avec moi, je me sentais anormalement seul. J'ai dit, comme ça, sans réfléchir :

– Il faut l'enterrer.

Omar et Boubker se sont demandé si je n'étais pas devenu fou. Mais j'étais décidé :

– Vous préférez qu'on aille voir la police ? Ils le jetteront dans un autre trou ! On n'est plus que tous les trois. Il n'y a que nous pour l'enterrer. C'est comme ça qu'on fait avec les gens. Et Ali, c'est plus que les gens ! Il a peut-être vécu comme un cafard mais il ne sera pas enterré comme un cafard ! Vous pouvez continuer à glander. Moi, je m'en fous, je l'enterrerai !

Boubker a sauté de joie comme s'il avait marqué un but :

– Ouais ! On va l'enterrer !

Puis, il s'est soudain arrêté de brailler et il m'a demandé :

– Dis voir, ça coûte combien un enterrement ?

Je n'ai pas su lui répondre. Je les ai laissés sur le trottoir. J'avais besoin d'être seul mais j'étais toujours décidé.

J'ai marché dans les rues. Longtemps. Je réfléchissais au moyen de trouver de l'argent. Curieusement, je ne pensais pas à me venger de la bande de Dib. Je me fichais de savoir lequel d'entre eux avait lancé la pierre. Je ne pensais qu'à Ali. Ali en train de croupir au fond d'un trou…

Une voiture est passée à toute vitesse en me frôlant. À croire qu'on devient invisible dans cette ville !

En me rangeant sur le trottoir, je me suis retrouvé au milieu d'un groupe de filles, devant leur collège. Elles étaient toutes habillées avec des blouses blanches. Les filles, ça bavarde beaucoup. Ça piaille, même. Certaines me regardaient des pieds à la tête en gloussant, l'air écœuré. L'une d'elles a aussitôt protégé son cartable en me voyant.

Sans le savoir, elle m'avait donné une idée…

L'air de rien, comme un chat, je me suis approché d'une collégienne. Elle était de dos et son sac bâillait le long de son épaule. On pouvait voir tout ce qu'il contenait. Ça n'a pas été difficile d'attraper son portefeuille. Personne n'y a rien vu.

Un peu plus loin, je l'ai ouvert. Un billet de cent dirhams* ! Incroyable, j'étais riche ! J'ai caché le billet dans mon slip et j'ai gardé le portefeuille dans ma poche.

Je connaissais l'existence d'un marabout* en bordure de Casablanca, un bel endroit où l'on enterre les morts et où chacun a droit à une petite pierre gravée.

Je me suis accroché à l'arrière d'un bus qui m'a transporté hors de la ville. J'ai aperçu les petites tombes qui se dessinaient au loin. J'ai attendu que le bus ralentisse pour pouvoir sauter sur la route. Puis j'ai marché jusqu'à l'enceinte du cimetière.

J'ai hésité avant d'entrer. Nous, les *Chemkaras*, dès qu'on entre quelque part, on nous dit de dégager. On devient méfiants, à force.

C'était joli, toutes ces pierres alignées les unes à côté des autres…

Un garçon s'est approché de moi. Il portait une *foqiha**. Il était aussi jeune que moi mais on était très différents. Moi, je suis un enfant qui parle. Lui, c'était un garçon qui explique.

– Qu'est-ce que tu veux ?

J'ai dit bêtement :

– Mon ami est mort. Je veux l'enterrer.

– On n'enterre que les Purs, ici.

– Mon ami, c'était un prince !

Il n'a rien répondu. Puis il a regardé mes vêtements troués, avec un air de reproche :

– Tu ne pries pas, toi…

– Si ! Je connais une sourate*.

L'élève a haussé les épaules :

– De toute façon, les *foqha** te demanderont de l'argent.

Fier de moi, j'ai sorti de mon slip le billet de cent dirhams. Il a souri, comme si j'étais bête. Il me semblait pourtant que c'était un très gros billet. Il s'apprêtait à repartir vers les tombes.

– Attends ! j'ai dit. Mon ami, il devait rejoindre son île. Avec les deux soleils. Peut-être qu'elle n'est pas sur l'eau mais dans le ciel…

– Il n'y a pas d'île dans le ciel. Il y a le paradis ou l'enfer.

Et il s'est éloigné comme un fantôme. Sans se retourner.

Pas question de baisser les bras. Ali a peut-être vécu comme un cafard mais il ne sera pas enterré comme un cafard !

4

J'avais trouvé quelques sardines qui traînaient par terre, derrière les étalages des pêcheurs. Je les faisais griller sur la tôle, sans attendre Omar et Boubker. J'avais trop faim.

Je ne pouvais pas m'empêcher de regarder le trou dans le sol, un peu plus loin. Je sais que c'est idiot, mais j'avais envie d'y mettre une sardine. On ne sait jamais.

Ali était là-dessous, mais dans quel état ? Y avait-il des rats dans cette cave ? Aucun de nous n'avait jamais eu le courage d'y descendre. Sauf Ali. Boubker nous répétait qu'Aïcha Kandicha, la sorcière aux pieds de chameau, vivait dans la cave.

Doucement, je me suis approché du trou. Il faisait trop noir pour y voir quoi que ce soit. J'étais prêt à y lâcher ma sardine grillée quand j'ai entendu les voix d'Omar et de Boubker se rapprocher. Je suis retourné m'asseoir près de la tôle, je n'avais pas envie qu'ils se moquent de moi.

Ils étaient affamés, surtout Boubker qui mange comme dix. Peut-être parce qu'il ne sniffe pas, lui. Il s'est jeté sur les sardines, tout en piaillant :

– Hé !Kwita ! Tu ne devineras jamais ce qu'il a fait, Omar !

– Quoi ?

– Il est allé à la cimenterie et il a vengé Ali ! Il a cassé la gueule de tout le monde ! Même Dib a eu peur et il s'est sauvé en courant ! Comme une mauviette !

J'ai regardé Omar. Il n'osait pas me regarder, il mangeait sa sardine du bout des lèvres. J'ai compris que Boubker mentait. Omar était sans doute allé à la cimenterie mais il s'était dégonflé au dernier moment. Je ne lui en voulais pas. Moi non plus, je n'aurais jamais osé m'attaquer à la bande de Dib.

J'étais content de voir Boubker se régaler. Ali aurait été fier de voir que je m'occupais bien d'eux. Tout à coup, Boubker s'est levé, hors de lui.

– Tu as cuisiné dans les chiottes !

Et il s'est empressé de repousser la tôle fumante de l'autre côté du trait de craie.

– Regarde, Kwita, ce n'est pas compliqué ! La cuisine, c'est dans ce carré !

Quel bébé, ce Boubker ! J'ai fait quelques pas pour avoir la paix et je l'ai entendu commenter à nouveau :

– Là, tu es dans le salon !

Je ne l'écoutais plus, je venais de sentir un objet dans ma poche. C'était le portefeuille de la fille. Il contenait des papiers sans intérêt. De toute façon, je ne sais pas lire. Je les ai jetés à la mer. Il y avait aussi une photo sur laquelle la fille posait avec ses parents. La famille au complet. Ils penchaient tous leur tête les uns vers les autres, ils semblaient heureux ensemble. La fille ne portait pas de blouse blanche et elle avait des nattes dans les cheveux. Elle était si belle que ça m'a fait mal au ventre.

Ça m'a soudain rappelé qu'Ali avait une mère, lui aussi. Je l'avais vue un jour dans la rue. Elle suivait Ali. Elle l'avait supplié de revenir à la maison mais Ali avait couru beaucoup plus vite qu'elle.

Je me suis retourné vers les autres :

– Il faut prévenir sa mère. Je sais où elle habite.

Omar a fait une grimace. Il savait que la mère d'Ali était une drôle de femme, que les hommes venaient chez elle pour la déshabiller, lui faire des choses et lui donner de l'argent.

– C'est une putain ! m'a dit Omar.

– Peut-être, mais c'est quand même sa mère ! Tu viens avec moi, Omar ?

Je ne voulais pas qu'Omar sente que j'avais la trouille d'y aller tout seul. Il m'a regardé, l'œil mauvais :

– Pourquoi je viendrais ? C'était TON ami, Ali…

– NOTRE ami ! s'est écrié Boubker, on y va tous !

Heureusement que Boubker était là, avec ce sourire qui ne s'arrête jamais ! Omar aurait aimé que je le supplie de venir avec moi. Il était jaloux parce que je savais où habitait Mme Zaoua. Et pas lui.

Puis, Omar m'a fait signe de me retourner. Un sardinier glissait sur l'eau et se rapprochait de notre repaire. À l'avant du bateau, un vieux pêcheur barbu s'est adressé à nous :

– Hé ! les enfants !

Instinctivement, on a reculé vers la jetée. L'homme n'avait pas l'air méchant. Inquiet plutôt. Mais on ne sait jamais à qui on a affaire, mieux vaut se méfier. Il s'est mis à crier :

– Où est le mousse ?

J'ai regardé Omar, puis Boubker.

– Hé ! les enfants !... Où est le mousse ?...

En deux secondes, on avait disparu.

5

Le soir, j'étais fier de guider mes deux amis dans les rues de Casablanca, jusqu'à l'immeuble de Mme Zaoua. On a demandé à Boubker de faire le guet au pied de l'immeuble. Boubker a grogné parce qu'il avait peur. La nuit, il peut arriver n'importe quoi : il y a des enfants ou des plus grands qui traînent pour voler. Je lui ai donné des cigarettes à vendre, au détail. Ici, les gens peuvent acheter les cigarettes à l'unité. Ça nous fait un peu d'argent. Boubker a accepté. Au moins, ça lui donnait quelque chose à faire en nous attendant.

Omar m'a suivi dans les escaliers. Je ne me souvenais plus de l'étage. Omar a râlé :

– Tu crânes en disant que tu connais sa maison et tu n'es même pas fichu de savoir où elle habite !

Vexé, j'ai frappé à la porte du premier étage. Quand j'ai entendu des pas se rapprocher, j'ai eu si peur que je me suis caché dans le renfoncement. Omar n'a pas eu le temps de réagir. La porte s'est ouverte, et il s'est retrouvé tout seul face à Mme Zaoua. Elle a d'abord cru qu'Omar voulait lui vendre des cigarettes. Mais Omar a dit, en bégayant :

– Je suis un ami d'Ali.

Elle l'a dévisagé, surprise. Puis elle a jeté un coup d'œil dans l'escalier, comme si elle s'attendait à ce qu'Ali ne soit pas loin. Je n'ai pas osé bouger dans la pénombre, j'étais pétrifié. Elle lui a fait signe d'entrer et elle a fermé la porte. Aussitôt, j'y ai collé mon oreille. C'est difficile de dire à quelqu'un que son fils est mort. J'avais honte, je me sentais lâche mais je ne voyais pas comment j'aurais pu lui annoncer la nouvelle. Moi qui avais encore tant de mal à y croire…

Plaqué contre la porte, j'arrivais à entendre ce qu'ils se disaient. Omar parlait avec une toute petite voix. Il était intimidé, ça se sentait. Mme Zaoua, elle, était très énervée :

– Qu'est-ce qu'il veut ? Pourquoi il t'envoie ici ? Il n'a pas le courage de venir lui-même ?

Omar ne pouvait pas répondre. En lui apprenant la nouvelle, il l'aurait définitivement fâchée. Il attendait qu'elle se calme un peu… Elle a continué :

– Il travaille au moins ? C'est bien joli de vouloir faire le tour du monde mais, à part ça, qu'est-ce qu'il fait toute la journée ?

– Il avait trouvé un capitaine pour rejoindre son île…

La voix d'Omar tremblait. Je me suis dit : « Pourvu qu'il trouve le courage de lui dire… »

Il y a eu un long silence. Des bruits de pas. Toujours rien. Puis, à nouveau, la voix de Mme Zaoua :

– Est-ce qu'Ali sniffe cette saloperie de colle ?

– Ali n'a jamais sniffé, a répondu Omar.

On aurait cru la voix de Boubker. Mme Zaoua a crié :

– Tu mens !

Derrière la porte, j'essayais de m'imaginer le visage de cette femme et, malgré moi, c'était celui d'une sorcière qui m'apparaissait :

– Est-ce qu'il pue comme toi, Ali ? Est-ce qu'il a les ongles noirs comme toi ? Hein ? C'est si compliqué de trouver un morceau de savon ? Regarde tes vêtements ! C'est des haillons ! Hein, dis-moi… Est-ce que mon fils pue la charogne comme toi ?

Mme Zaoua avait sans doute été trop loin parce que Omar a ouvert la porte, en pleurs. Et Omar, c'est très rare qu'il pleure ! Il a dévalé les escaliers quatre à quatre, sans me regarder.

Quand je l'ai rejoint dans la rue, il n'a rien voulu me dire. Boubker était soulagé de nous retrouver, il avait raccroché son grand sourire. Mais ça n'a pas duré longtemps : Omar était vraiment dans un sale état.

Cette nuit-là, au port, il y avait beaucoup de vent. On s'est serrés les uns contre les autres sous notre plastique, mais le vent s'y faufilait quand même. Omar ne disait toujours rien. Boubker n'arrêtait pas de poser des questions. Lui, il n'avait jamais connu sa mère alors celle d'Ali, ça l'intriguait beaucoup :

– Mais dis, Omar ! Comment elle a réagi quand tu lui as dit, pour Ali ?

C'est curieux, on évitait tous de prononcer le mot « mort ». Omar ne répondait toujours pas. Je me suis douté qu'il avait eu peur de le lui dire. Et je pouvais difficilement lui faire des reproches, vu que je m'étais dégonflé un peu plus tôt. C'est moi qui ai répondu à Boubker…

– C'est pas une mère, ça, c'est une sorcière ! Mieux vaut ne rien avoir que d'avoir une mère comme ça ! Tu vois, Boubker, tu n'as rien perdu. Elle s'en fiche, de son fils ! Puisque c'est comme ça, c'est nous qui l'enterrerons ! Comme un prince !

– Oui ! a hurlé Boubker, comme un prince !

Il a fallu que je plaque ma main sur sa bouche :

– Chut ! On va se faire repérer !

Si un vigile nous avait chopés ici, je n'aurais jamais su où aller. J'ai vérifié que mon billet de cent dirhams était toujours planqué au fond de mon slip. Boubker a fermé les yeux. Même en s'endormant, il continue de sourire, celui-là… Omar aussi s'est endormi.

J'aurais aimé faire comme eux mais les étoiles étaient là, dans le ciel, juste au-dessus de ma tête. J'ai repensé à la phrase d'Ali : « Même si on est loin, on verra la même chose, en même temps ! »

Comment savoir s'il pouvait les voir, maintenant qu'il était mort ? Il m'avait dit qu'on était des frères jumeaux. C'était vrai, vu le mal que j'avais à vivre sans lui. J'ai regardé ses affaires : son pull qui avait gardé son odeur, des chaussettes dépareillées qui ne lui serviraient plus jamais. Et sa boussole, bien planquée au fond de ma poche.

– Je te jure Ali, on va t'enterrer comme un prince !

J'ai dit ça à voix basse, vers le trou de la cave. Pas de réponse.

Au loin, on entendait les bateaux partir à la pêche en ronronnant vers le large.

6

Ali disait souvent que bien dormir, ça apporte des idées neuves. Grâce aux rêves.

En me réveillant, j'ai repensé à ce vieil homme barbu qui criait : « Où est le mousse ? » Le problème, c'est que je ne savais pas ce que c'était. Boubker dormait encore.

– Dis Omar, c'est quoi un « mousse » ?

– Qu'est-ce que j'en sais moi ? Un poisson ?

C'était juste une question et, pourtant, c'était comme si je l'avais agressé. Ça m'a mis de mauvaise humeur. J'ai quitté notre repaire sans rien dire.

En allant ramasser des poissons sur le port, j'ai revu l'homme barbu. Il était assis à l'avant de son bateau, il recousait son filet de pêche. Deux hommes chargeaient son sardinier de glace pilée. Ça permet de conserver les poissons…

Il m'a tout de suite reconnu. Il m'a salué et il m'a proposé de monter sur son bateau. Je n'ai pas l'habitude de ça. J'ai préféré rester sur le quai.

Tout de même, cette question me titillait…

– C'est quoi, un mousse ?

Il m'a souri. Décidément, il n'avait pas l'air méchant.

– Un apprenti. Un jeune marin, comme ton copain Ali. Où est-ce qu'il est ?

– Pourquoi ? Vous le connaissez ?

– Évidemment, m'a dit le pêcheur, comme si j'avais posé une question stupide. Ça fait trois jours qu'il ne vient plus en mer avec moi. Comment ça se fait ?

Cet homme était donc le fameux capitaine ! Celui qui devait l'emmener sur son île ! Pourtant, son bateau était en mauvais état et il n'était pas très grand. À part les écailles de poissons accrochées à son filet, rien ne brillait sur ce sardinier ! Je pensais voir un homme grand et jeune, avec un bel uniforme. Au lieu de ça, c'était un vieux pêcheur avec des bottes en caoutchouc ! Pour m'en assurer, j'ai montré la boussole d'Ali :

– C'est vous qui lui avez donné ça ?

L'homme a sursauté, soudain aussi méfiant que moi :

– Qu'est-ce que tu fais avec la boussole du mousse ? Ali ne peut pas te l'avoir donnée ; il y tenait plus que tout ! Où est-ce qu'il est ?

Je ne savais pas quoi répondre. Je ne voulais pas qu'il jette Ali dans un autre trou.

– Réponds, enfin ! Il est où ?

Il commençait à s'énerver. Sa grosse voix a alerté deux policiers qui marchaient sur le port. Et les policiers ne nous aiment pas : ils nous appellent les « parasites ». Ils disent qu'on embête les touristes. Mieux vaut les éviter. J'ai enjambé les étalages et je me suis faufilé jusqu'à notre repaire, pour y rejoindre Boubker et Omar.

« Comme un prince... » Il fallait donc qu'on trouve de l'argent. Ensuite, un *mahmel**. Enfin, un bel endroit pour l'enterrer.

C'est Boubker qui a eu l'idée de ramasser des coquillages, de les percer et d'en faire des colliers. Il était très fier de son idée : il pensait qu'on allait accumuler des montagnes d'argent.

Omar ne savait pas trop quoi faire, alors il répétait :

– Un enterrement, c'est une affaire d'hommes !

L'air de dire que je n'en étais pas un...

Il nous a tout de même aidés à vendre les colliers au feu rouge.

Décidément, les adultes ne comprennent rien ! Ils refusaient nos colliers, sans même les regarder.

Et puis je l'ai vue. Elle. Avec ses longues nattes de chaque côté. Comme un rayon de soleil dans une voiture. C'était la fille, encore plus lumineuse que sa blouse blanche. Encore plus belle que l'autre jour, devant son collège. Je lui ai proposé un collier. Elle a dit « non » sans regarder. Comme une adulte, quoi… J'ai insisté, je voulais le lui offrir :

– C'est un cadeau !

Elle a encore dit non, sans m'écouter. Elle discutait avec son père, au volant. J'ai jeté le collier sur ses genoux et je suis parti. J'étais furieux. Mes joues me brûlaient ; j'étais sûrement tout rouge. Je refusais de croire que cette fille était comme les autres gens ; elle avait le visage trop doux pour ça.

Est-ce cela, tomber amoureux ?

De toute façon, ces colliers ne rapportaient rien. Deux ou trois dirhams, qu'est-ce que c'est ?

J'ai rejoint Boubker. Sa joie franche m'a redonné de l'énergie. Parce que la joie de Boubker, elle est particulière : elle est aussi contagieuse qu'une maladie. Il avait quelques pièces de monnaie mais, surtout, il avait réussi à échanger un collier contre un petit livre de prières. Et Boubker, c'est le seul à savoir lire. Parce qu'il allait à l'école, lui, quand il vivait chez son oncle.

Il a dit, en se redressant :

– C'est moi qui lirai les prières pour l'enterrement d'Ali !

J'étais fier de lui et, surtout, fier de savoir qu'il me suivait. À mon tour, j'ai voulu crâner. J'ai sorti mon gros billet. Boubker a ouvert de grands yeux :

– Cent dirhams ! Où tu as eu ça ?

Omar s'est approché de nous en silence et il a refait sa tête de jaloux. Il commençait à m'énerver. Pour la peine, j'ai décidé de faire bande à part avec Boubker et, comme un idiot, je lui ai confié mon billet. Il faut dire que Boubker savait y faire :

– S'il te plaît, Kwita, mon frère ! Moi, je ne sers jamais à rien ! Vous me prenez tout le temps pour un bébé mais je te jure que j'ai la meilleure cachette du monde pour l'argent.

– Où ça ?

Il m'a montré sa bouche en riant :

– Les grands qui nous embêtent, ils nous fouillent toujours les habits mais jamais la bouche !

Boubker avait raison mais, vu qu'il passait son temps à sourire, le billet aurait pu largement dépasser. J'ai tout de même accepté. J'avais tort.

On a marché main dans la main. Omar nous suivait en ronchonnant. Un peu plus loin, regroupés dans une décharge de voitures, d'autres enfants des rues s'étaient débrouillés pour voler un ballon bien gonflé. Omar et Boubker n'ont pas pu s'empêcher de les rejoindre pour une partie de foot, au milieu des carcasses de voitures.

Je me suis assis à l'écart, je préférais réfléchir. Où trouver un *mahmel*? Mais autre chose venait me chatouiller la tête... J'ai sorti la photo de ma poche et j'ai regardé la belle collégienne, entourée de ses parents.

– Un jour, on se mariera. Et on aura une maison. Bien à nous.

C'est curieux mais, en me disant ça, en y pensant, j'oubliais complètement ma faim.

– But ! a hurlé Boubker, fou de joie, sans faire sortir le billet de sa bouche.

Il n'a pas fait le mariole longtemps. Il s'est figé en entendant :

– La vie…

– … c'est de la merde !

Dib nous regardait, immobile, comme un loup aux aguets. Sa bande était derrière lui. Il a fait un pas, et tous les enfants ont envahi le terrain de foot. Mes jambes se sont mises à trembler, je me suis fait tout petit, caché derrière une carcasse de voiture. Dib s'est approché de Boubker qui, raide et apeuré, crispait sa bouche fermée. Omar a tout de suite voulu s'interposer mais les enfants de la bande l'encerclaient déjà. Ils l'ont plaqué au sol. Leurs pieds se sont mis à taper son ventre, comme ils venaient de le faire avec le ballon. C'était intenable, j'ai préféré fuir. Par terre, Omar hurlait en se débattant :

– Vous l'avez tué ! Vous l'avez tué ! C'est vous qui avez tué Ali !

J'ai hésité un moment. Si j'avais décidé d'intervenir, ils m'auraient fait la même chose. C'était au-dessus de mes forces. Seul contre tous, je n'aurais rien pu faire. Je me suis enfui en pensant que c'était un mauvais moment à passer, qu'on allait vite se retrouver tous les trois. Qu'Omar allait tout oublier.

Il fallait tout de même que je trouve de quoi me racheter. Je ne pouvais pas réapparaître les mains vides devant Omar et Boubker. Il fallait aussi que je trouve une bonne raison de les avoir laissés, sans passer pour un lâche.

Un uniforme. Un bel uniforme de marin. Si j'en trouvais un pour Ali, ce serait vraiment un enterrement de prince ! Les marins, ce n'est pas ce qui manque à Casablanca. Il y a une caserne toute blanche, avec des grilles immenses et des marins aussi blancs que des publicités de lessive.

Je me suis approché de la grille. Devant elle, se tenait un garde, immobile comme une statue de pierre. Seule sa bouche a bougé :

– Dégage !

J'ai sursauté. Ali n'avait plus que moi, moi seul pour lui donner le droit d'être enfin comme les gens. Ce garde semblait trop stupide pour savoir bouger. À mon tour, j'ai décidé de rester immobile devant la grille :

– Je veux un uniforme !

– Fous le camp, tu n'as rien à faire ici !

– Mais ce n'est pas pour moi ! j'ai supplié. C'est pour mon ami !

Il a levé la main vers moi, avec des yeux de serpent. Je n'avais pas envie de me prendre une raclée. On a beau avoir l'habitude, on n'aime jamais ça... Alors je suis parti, très en colère.

J'avais envie de retourner devant le collège. Voir cette fille aux yeux doux et pleins d'étoiles. Mais au fond de ma tête, une petite voix me soufflait :

– Tu ne penses qu'à toi, Kwita ! Tu voulais trouver un uniforme pour ton ami et, au lieu de ça, tu vas aller perdre ton temps à regarder une fille qui ne te voit même pas ? Ses copines vont te regarder avec dégoût, comme l'autre fois. Fais quelque chose pour Ali d'abord !

J'ai marché. Où trouver un uniforme de marin ? Je n'en avais aucune idée.

Je suis passé devant un hôpital désert. Je me suis arrêté sur le trottoir. Je n'en croyais pas mes yeux. Là, juste devant moi, abandonné derrière une poubelle, s'étendait un vieux brancard. Tout de suite, j'ai pensé :

– Un *mahmel* ! J'ai trouvé un *mahmel* ! Je peux le peindre et en faire le plus beau *mahmel* de la terre !

Un coup d'œil à droite, un coup d'œil à gauche. J'ai saisi le brancard et j'ai couru comme un fou jusqu'à la casse. Omar n'allait pas y croire. Je le voyais déjà ouvrir de grands yeux admiratifs et me dire :

– Où tu as eu ça ?

7

Je les ai retrouvés tous les deux par terre, l'œil vague. Omar respirait à pleins poumons un sachet en plastique bourré de Silucione. Il n'était vraiment pas beau à voir ; aussi défait qu'une carcasse de voiture. Il avait l'oreille en sang. Il fixait bêtement les antennes paraboliques perchées au-dessus des toits. Omar fait souvent ça quand il est sous l'effet de la colle. Il s'imagine les films qu'il a envie de voir, rien qu'en regardant les paraboles. Mais quelle tête de bêta il avait ! Une vraie vache !

Même Boubker sniffait. Je ne l'avais jamais vu faire ça. Visiblement, la Silucione l'avait fait vomir. Autour d'eux s'étalaient des montagnes de friandises et de bouteilles de soda. D'habitude, je suis capable d'en avaler des tonnes. Ce jour-là, elles m'ont écœuré :

– Qu'est-ce que vous foutez ?

– On mate des films, a dit Omar, les yeux vitreux.

Et puis, il m'a tendu une bouteille de Coca :

– Tu en veux ?

J'ai compris qu'ils avaient utilisé mon argent pour acheter tout ça. Omar s'est réjoui de me voir si défait :

– Tu crois peut-être qu'on va crever de faim à cause d'un enterrement ?

J'étais hors de moi. Des larmes me montaient aux yeux sans que je puisse les contrôler :

– C'était MON pognon ! Toi, Boubker, t'es vraiment qu'un sale petit morveux !

Omar s'est levé. Il était si furieux qu'il avait de la bave aux coins de la bouche :

– Un sale morveux ? Alors qu'il n'a même pas ouvert la bouche pour crier quand Dib lui a donné des coups ? Tu crois que je t'ai pas vu te barrer comme une mauviette quand Dib est arrivé ? T'es un lâche, Kwita ! Pas étonnant que t'aies suivi Ali comme un petit chien ! Tout seul, t'es qu'un trouillard ! Et maintenant qu'il est plus là, t'es vraiment tout seul !

J'aurais préféré recevoir un coup de pied que d'entendre ça. J'ai repris mon *mahmel* :

– Allez vous faire foutre ! Je n'ai pas besoin d'un âne, ni d'un petit morveux pour l'enterrer !

Omar a saisi une bouteille vide, il l'a brisée contre une voiture et il s'est précipité sur moi. Je n'ai rien vu venir, je me suis retrouvé plaqué au sol. Omar avait le regard d'un fou. La colle, ça rend violent. Ça nous fait faire des choses qu'on regrette juste après. Et Omar est dix fois plus costaud que moi. Il a porté le tesson de bouteille à mon cou. Je l'ai senti s'enfoncer. Je me voyais déjà mourir. Boubker a pensé comme moi ; il s'est mis à hurler :

– Arrête, Omar ! Lâche-le, tu vas le tuer !

Omar me regardait méchamment avec ses yeux troubles. Boubker pleurait de plus en plus fort. Omar a fini par me laisser. Je me suis enfui pour ne pas qu'ils me voient pleurer.

C'est vrai que, depuis la mort d'Ali, on se dit que tout est possible…

Quand je suis arrivé au port de pêche, il faisait déjà nuit. J'ai traîné mon *mahmel* jusqu'à notre repaire. Je l'ai posé par terre contre le mur et, dessous, j'y ai dissimulé toutes les affaires d'Ali : ses quelques vêtements et sa boussole. La bande de Dib avait réussi à nous retrouver à la casse, je ne pouvais pas prendre le risque de garder la boussole sur moi.

Boubker n'a pas tardé à me rejoindre. Il était tout seul. Dès qu'il m'a vu, il a fait son grand et tendre sourire et il s'est mis à faire tinter des pièces dans un sachet :

– Tu sais, Kwita… Les friandises, on les a toutes revendues au feu rouge !

Il s'attendait à être félicité. N'empêche que ça ne faisait que la moitié de cent dirhams. Il ne faut pas me prendre pour un âne, non plus. Mais Boubker tenait à se faire pardonner. Il a sorti son petit livre de prières pour les apprendre par cœur.

J'en voulais terriblement à Omar. Je me demandais où il pouvait bien être ; c'est tout de même mon copain… Mais je n'ai pas posé la question à Boubker.

Notre repaire commençait à sentir mauvais, je ne comprenais pas pourquoi. Boubker n'arrêtait pas de se plaindre :

– Ça pue ! Tu ne trouves pas que ça pue, toi ?

Ça venait du trou de la cave. La cave d'Ali.

Omar a fini par nous rejoindre au milieu de la nuit. Il sentait fort le savon.

– Tu étais où ? a demandé Boubker.

– Au hammam*…

Omar avait décidé de jouer au mystérieux. J'ai fait comme si ça ne m'intéressait pas. J'avais la boussole d'Ali dans la main et je faisais semblant d'y comprendre quelque chose. Je sentais que Boubker essayait de nous réconcilier, Omar et moi, mais aucun de nous ne voulait faire un effort.

J'étais prêt à m'endormir, je commençais à rêver d'Ali. Ali dans un splendide uniforme blanc, tenant la main d'une jeune fille aussi belle que la collégienne... Boubker m'a demandé à voix basse :

– Kwita... Quand Ali disait qu'il s'appelait « Mâchoire d'acier », qu'il arrivait à tirer des voitures rien qu'avec ses dents, c'était vrai ?

– Je n'en sais rien.

– Si ! Dis-moi si c'est vrai, insistait Boubker.

– J'en sais rien, je te dis ! Puisqu'il te l'a dit, c'est peut-être vrai.

Mais le petit Boubker avait tellement envie d'y croire ; ça se voyait dans ses petits yeux brillants et malicieux. Alors j'ai dit :

– Ça doit être vrai. Sinon, pourquoi il se serait appelé « Ali Zaoua, Mâchoire d'acier » ?

Boubker s'est endormi avec un grand sourire soulagé.

Il faisait froid, cette nuit-là. Je me sentais seul, abandonné. J'ai eu envie de parler avec Ali, même si je savais très bien qu'il n'allait pas me répondre. Je me suis approché du trou, en silence. Là, j'ai senti une odeur épouvantable qui m'a donné envie de vomir.

J'ai relevé la tête. Face à moi se tenait un homme immense. Je ne l'avais pas entendu venir. J'ai poussé un hurlement. Omar et Boubker se sont réveillés, comme deux chats traqués. L'homme s'est avancé vers moi. Prêt à m'enfuir, j'ai plissé les yeux pour deviner son visage dans l'obscurité. C'était le vieux pêcheur.

– Il est où ? a-t-il demandé d'une voix très grave.

Je n'ai rien répondu. J'avais peur. Il s'est approché du trou. Il a porté la main à ses narines et j'ai vu une larme s'échapper de son œil. Il avait compris. Je n'aurais jamais cru qu'un autre que moi puisse avoir tant de chagrin, face à la mort d'Ali.

Il nous a posé des tonnes de questions : comment c'était arrivé, pourquoi on n'avait rien dit à personne, si on avait prévenu ses parents…

On lui a expliqué qu'on voulait l'enterrer. J'ai montré mon *mahmel* parce qu'il avait l'air d'en douter… Et puis j'ai ajouté :

– Maintenant, on n'a plus qu'à lui trouver un cimetière de prince…

Il n'a rien répondu.

8

Le pêcheur s'appelait Hamid. Les rares fois où il parlait, c'était pour dire des choses très importantes. C'est lui qui nous a expliqué qu'un mort, ça ne peut pas rester comme ça. C'est comme un fruit, ça finit par pourrir. Au début, j'ai cru que j'allais tourner de l'œil. Ensuite, ça m'a rassuré. Parce que Ali mort, ce n'est qu'un corps mort. Les pensées d'Ali étaient forcément ailleurs. Où ? Je ne le sais toujours pas. Mais quelque part, en tout cas…

Hamid nous a demandé de nous habiller. Puis on l'a suivi sur son bateau. Il a ouvert son stock de glace pilée, celle qui permet de conserver le poisson. Et on s'y est mis, tous les quatre. Durant toute la nuit, on a formé une chaîne et on a vidé des seaux entiers de glace dans le trou de la cave. J'ai pensé qu'Ali n'était tout de même pas un poisson…

Mais c'était comme ça ; il fallait bien le conserver jusqu'à son enterrement.

Le lendemain, j'ai laissé dormir mes deux copains. Omar m'en voulait toujours. Moi aussi, même si la veille, on s'était retrouvés à faire la même chose pour notre ami.

J'ai couru jusqu'au sardinier d'Hamid. Cette fois, il ne me faisait plus peur. Mon *mahmel* était posé à l'avant du bateau et Hamid sciait des planches, pour les clouer tout autour. Sans doute pour l'embellir, pour le rendre digne d'un prince…

Il a eu l'air très content de me voir. Du coup, je l'étais moi aussi. Il voulait que je l'aide. J'ai pris un marteau et j'ai commencé par l'observer pour comprendre ce qu'il fallait faire.

Je savais qu'Ali et lui avaient passé beaucoup de temps ensemble.

– Hamid... De quoi vous parliez avec Ali ?

– De la mer. Des poissons qui l'habitent. De son île aussi.

– Son île ? Celle avec les deux soleils ?

Hamid a souri et il a levé les yeux vers le ciel :

– Comme si celui-ci ne chauffait pas assez...

Puis, il a saisi une pince pour retirer le clou que je venais d'enfoncer de travers. J'avais honte. Il m'a montré comment tenir le marteau et m'a encouragé à recommencer. J'ai pris le marteau, et le clou tout neuf s'est tordu à nouveau.

Pas de chance, Boubker est apparu à ce moment-là et, bien sûr, il n'a pas pu s'empêcher de ricaner. Je lui aurais bien envoyé mon marteau à la figure mais il venait si gentiment proposer son aide...

Hamid lui a demandé d'aller acheter des clous. Il a même voulu lui donner de l'argent. J'ai tout de suite protesté :

– Ne lui donnez rien ! Il va acheter des bonbons !

Vexé, Boubker m'a fait une grimace. Puis il a fait tinter les quelques dirhams de sa poche, et il est parti.

J'ai hésité un moment puis j'ai dit à Hamid :

– Vous lui avez demandé d'acheter des clous parce que vous avez peur que je les bousille tous ?

– Non, Kwita, je te fais confiance. Tu apprends vite.

J'ai scruté ses yeux pour voir s'il pensait vraiment ce qu'il disait. Il avait l'air sincère. Ça m'a donné des ailes.

J'ai pris un autre clou, je me suis appliqué, et il s'est enfoncé bien droit, dans le bois. J'ai regardé Hamid, fier de moi.

Après quelque temps, on avait épuisé le stock de clous, et Boubker n'était toujours pas revenu. J'ai dit à Hamid :

– Décidément, on ne peut pas lui faire confiance, à lui ! Je vais aller en chercher, moi !

J'ai refusé l'argent qu'il me proposait. J'avais le sac de pièces que Boubker m'avait rendu la veille.

Je suis sorti du port. Je voulais aller à la droguerie la plus proche et, pour ça, il fallait passer devant la gare. Beaucoup d'enfants des rues traînent là-bas. J'en ai salué quelques-uns.

J'étais presque arrivé à la droguerie quand j'ai senti une claque sèche dans mon dos. Je me suis retourné, les jambes raides. Trois garçons de la bande de Dib m'encerclaient déjà. Impossible de m'échapper.

– Dis voir, Kwita, tu ne te barres pas comme une lopette ? m'a dit l'un d'eux.

– Ouais, comme l'autre fois, à la casse ? m'a dit un autre.

Et le dernier a continué :

– Il serait temps que tu reviennes. Dib t'attend à la cimenterie. Et il y a Omar aussi…

– C'est pas vrai, j'ai dit.

– Bien sûr que si. Même qu'il y a Boubker aussi. Il cherchait des clous, on lui a dit que Dib en avait plein. On n'attend plus que toi, maintenant. Allez, c'est fini, vos conneries. Omar nous a ramené une montre. Tu verrais comment elle brille ! Sauf que

Dib, il voudrait que tu lui expliques comment ça marche.

La boussole ! Omar avait apporté la boussole d'Ali à la cimenterie. Au repaire de Dib. Je ne pouvais pas croire qu'Omar ait pu faire une chose pareille. Quant à Boubker, naïf comme il est, il avait dû se faire embobiner par les grands de la bande.

Un policier s'est approché de nous. Les trois garçons ont disparu en un clin d'œil. Moi aussi, il a bien fallu que je disparaisse.

J'étais effondré. Cette fois, j'étais vraiment tout seul. Je suis entré tel un automate dans la droguerie. Le vendeur m'a interpellé :

– Hé ! Le sniffeur ! C'est par ici la Silucione…

Je n'avais pourtant rien demandé. J'ai regardé le pot de colle. C'est vrai que j'en avais envie. Envie de me transporter ailleurs, envie de ne plus rien sentir. Ne plus sentir l'angoisse d'affronter Dib et sa bande. Parce qu'il fallait bien que j'aille récupérer la boussole d'Ali. Ne plus sentir ce manque d'Ali dont je n'arrivais pas à me débarrasser.

J'ai regardé le droguiste avec dédain et j'ai dit :

– Je veux des clous. Des grands clous !

En sortant du magasin, j'étais soulagé. J'avais résisté à cette saloperie de Silucione. Pour la peine, j'allais m'offrir des bonbons. J'avais encore pas mal de dirhams... J'ai fouillé dans mes poches et j'ai senti au bout de mes doigts la photo de la jeune fille.

Je suis passé devant un étalage de fleurs multicolores. J'ai pensé à acheter un bouquet. L'offrir à la fille... Mais il fallait garder l'argent pour Ali.

Dans ma poche, il y avait aussi un morceau de craie. Celle que Boubker utilisait pour délimiter ses pièces...

J'ai couru jusqu'au collège. J'ai pris le morceau de craie et j'ai dessiné un immense bouquet de fleurs sur le mur du collège. Puis j'ai attendu.

Elle est enfin sortie, elle discutait avec une copine. Puis elle s'est arrêtée devant mon bouquet.

Elle l'a regardé. Elle a sans doute deviné qu'il était pour elle. J'ai fermé les yeux. C'était mieux parce que, quand je fermais les yeux, elle me regardait. Je lui ai demandé, tout bas :

– Où est-ce que tu vas les mettre, ces fleurs ?

– Dans un vase. Et ensuite dans ma chambre, pour la parfumer.

J'ai continué à lui parler tout bas, les yeux fermés :

– Tu sais, pour l'instant je n'ai pas de maison comme toi. Mais moi, je vis sur le dos de personne ! Et je vais faire un métier, c'est sûr ! Comme Ali, il aurait fait marin. Et tu sais, on va l'enterrer, comme les gens. Un jour, moi aussi, je serai comme les gens !

Je me suis rendu compte que je parlais de plus en plus fort. J'ai ouvert les yeux. Elle était juste devant moi, prête à monter dans la voiture de son père. Je l'ai regardée droit dans les yeux et j'ai dit :

– Hein que je ne suis pas un lâche ?

Et je sais que personne ne me croira si je le dis ! Mais je m'en fiche ! Je sais que c'est vrai, moi… Elle m'a souri ! Je le jure ! Elle m'a regardé, pour de vrai, et elle m'a fait un grand sourire ! Après ça, la voiture a démarré. J'ai couru derrière en criant :

– On va l'enterrer ! Ensuite, je reviendrai vous voir !

La voiture a fini par s'éloigner mais je courais toujours, en hurlant ma joie dans les rues. Je voulais que la terre entière sache que j'avais une fiancée. J'étais aussi libre qu'une mouette ! Je me sentais si léger et si fort que je n'avais plus peur de rien. Ni de Dib, d'ailleurs.

Alors j'ai décidé d'aller chercher Omar et Boubker à la cimenterie.

9

En voyant les murs éventrés de la cimenterie, les enfants qui s'agitaient comme des fourmis et le jour qui commençait à tomber, j'étais déjà moins confiant. Je me suis forcé à ne pas trop penser. Juste à mettre un pied devant l'autre.

Je me suis redressé et j'ai avancé dans le terrain vague qui entoure la cimenterie. Il n'y avait plus beaucoup d'herbe. Des boîtes de colle vides traînaient un peu partout. Beaucoup de papiers, de déchets… Les mouches, elles aussi, sentaient la nuit arriver ; elles venaient tourbillonner autour de mon visage.

Les enfants qui traînaient dans le terrain vague se sont approchés de moi. Ils étaient très intrigués par ma démarche vive et volontaire. Ça ne les a pas empêchés de se moquer de moi :

– Alors… On revient à la niche ?

– C'est le retour de la mauviette ?

– Dis, Kwita, tu es sûr que tu es un homme ?

Je fermais les oreilles. Un pied devant l'autre. Penser à la boussole, à ramener Omar et Boubker avec moi. Pour le reste, ne pas faire attention.

Juste devant moi, s'élevait le bâtiment en ruine. La gueule du loup ! Après ces quelques jours de liberté, la cimenterie ressemblait à une prison poussiéreuse. Par le trou d'un mur, j'ai vu une tête apparaître. L'enfant m'a observé puis il a disparu.

« Un pied devant l'autre… Ne pense qu'à ça… »

Je suis entré par le ventre d'une façade. À l'intérieur, il faisait plus frais. Ça m'a fait du bien. Le visage de la fille, me souriant droit dans les yeux, est revenu dans ma tête. Curieusement, j'ai accéléré le pas jusqu'à me retrouver nez à nez avec Dib.

J'avais oublié qu'il avait les yeux si perçants. Des yeux d'aigle qui vous rentrent dans la tête, à l'affût du moindre mouvement de lèvres, pour y lire vos paroles.

« Ne te dégonfle pas, j'ai pensé, pas maintenant ! Tu seras tellement fier une fois que ce sera fini ! Et qu'Ali aura eu un enterrement digne de lui ! »

Dib s'attendait à ce que je revienne. Pourtant, il semblait surpris. J'avais changé, et ça devait se voir. Boubker était à côté de lui ; il tremblait de partout. Il m'a supplié du regard. Son visage perdu et paniqué m'a gonflé de courage. Je me suis soudain senti responsable de lui, comme je l'aurais fait avec mon petit frère. J'ai regardé Dib et j'ai articulé fermement :

– On revient pas, Dib. ON REVIENT PAS !

Je me suis surpris à dire ça comme Ali, avec le même ton. Peut-être même avec les mêmes yeux qui n'ont pas peur.

Omar s'est approché. Lui non plus ne semblait pas me reconnaître.

Dib a ouvert la bouche. Il en est sorti un drôle de son. Un garçon a traduit :

– Il paraît que vous voulez l'enterrer…

J'ai regardé Omar, furieux. Il a baissé la tête. Il avait cassé notre secret sous l'emprise de la colle et il le regrettait déjà. L'enfant a continué :

– Dib, il dit que vous pouvez l'enterrer ici. Regarde ! Regarde celui qui lui a jeté la pierre.

J'ai regardé. Un peu plus loin, dans le terrain vague, un enfant creusait un grand trou avec une pelle. Il s'est retourné vers moi ; sa joue était entaillée. Rouge de sang.

L'enfant a continué :

– Et tu as vu ? On l'a puni !

Avec son doigt, il a mimé un coup de couteau sur ma joue. Il voulait m'impressionner. Ça m'a fait froid dans tout le corps. Omar l'a senti et il m'a fait un signe discret, l'air de dire qu'il me soutenait…

Le garçon poursuivait fermement :

– Vous l'enterrerez ici !

J'ai fait comme si je n'avais pas entendu. Un prince, ça ne s'enterre pas dans un terrain vague qui ressemble à un dépotoir. Mais Dib a sorti la boussole d'Ali. Il savait que je ne quitterais pas la cimenterie sans elle. Il l'a levée au-dessus de ma tête. Même sur la pointe des pieds, je n'aurais pas pu l'attraper. Dib a poussé un son rauque, l'enfant a traduit :

– Vous ramenez le corps demain ?

Je n'ai pas voulu dire oui. J'ai préféré être rusé. J'ai regardé tous les enfants agglutinés autour de Dib et j'ai dit :

– La vie…

Et ils ont tous repris en chœur :

– … c'est de la merde !

Ils ont cru que j'approuvais alors que j'avais simplement entamé leur devise, comme si j'étais des leurs. Dib m'a rendu la boussole, persuadé que je ramènerais le corps le lendemain.

Omar s'est précipité pour écarter l'attroupement d'enfants et me laisser passer. Je me suis redressé et je suis sorti tranquillement, suivi de mes deux copains.

Dans la rue, Omar n'en revenait toujours pas :

– Tu les as eus, Kwita ! On aurait dit Ali !

Je l'ai attrapé par l'épaule. Omar, c'est peut-être une tête de lard, mais c'est quand même mon ami. Je lui ai dit :

– Qu'est-ce qui t'a pris de retourner chez Dib ?

Alors Omar s'est mis à me raconter ce qu'il avait fait de son côté… Il a d'abord avoué qu'il n'avait pas eu le courage de dire à Mme Zaoua que son fils était mort…

– Et puis tu sais, hier… J'ai dit que j'étais au hammam… En fait, je suis retourné chez elle. J'avais décidé de lui dire. Toi et moi, on disait que c'était pas une vraie mère mais, en fait, elle n'était même pas au courant qu'Ali était mort.

– Et alors, tu lui as dit ? a demandé Boubker, impatient.

– Attends, a repris Omar. Elle a été très gentille, très douce. Elle m'a même lavé dans sa baignoire. Après ça, c'était encore plus difficile de lui dire. Ensuite, elle m'a donné du tajine délicieux. Elle m'a parlé d'Ali, elle m'a dit qu'il avait honte quand il était avec elle dans la rue, parce que les gens la traitaient de putain.

Ça avait été encore plus difficile pour Omar de lui dire la vérité. Il s'était laissé dorloter par la mère d'Ali, comme un petit chat abandonné.

Voilà ce qui s'est passé. Ce jour-là, Mme Zaoua lui a montré la chambre de son fils. Omar m'a dit qu'il y avait un magnétophone à côté de son lit pour écouter de la musique. De la musique très fort. Pour qu'Ali ne puisse pas entendre ce qu'elle faisait avec les hommes, dans la pièce à côté.

Ensuite, Mme Zaoua l'a supplié de lui ramener Ali à la maison. Omar a eu peur. Il savait qu'Ali ne reviendrait jamais. Alors il est parti sans rien dire.

– Tu es con ou quoi ? Pourquoi tu ne lui as pas dit ?

– Laisse-moi finir ! s'est emporté Omar. Ce matin, quand tu étais sur le bateau d'Hamid, j'ai pris la boussole. Je croyais que c'était une montre et je voulais l'offrir à sa mère. Alors je suis retourné la voir. Je l'ai croisée dans la rue et je lui ai tendu la boussole. Elle l'a trouvée jolie. Mais quand je lui ai dit que c'était un souvenir de son fils, qu'Ali était mort, elle est devenue toute blanche. Elle m'a dit que je mentais… J'ai voulu aller dans ses bras mais elle m'a repoussé tellement fort que je me suis cassé la gueule dans le caniveau. Et tu sais ce qu'elle m'a dit, Kwita ? Elle m'a dit de foutre le camp !

Découragé et perdu, Omar était retourné chez Dib.

Quand Omar m'a raconté ça, il avait les larmes aux yeux. Il avait honte. Moi, bizarrement, je me sentais bien. Presque heureux.

– Tu vois Omar, ça prouve qu'elle aimait son fils !

Boubker a renchéri aussitôt :

– Exactement ! Et vous m'avez menti en disant que c'était pas une vraie mère ! Moi, c'est pareil qu'Ali ! Si j'avais eu une mère, elle m'aurait aimé !

10

Il faisait noir quand on est arrivés au port. J'étais fatigué. Je n'avais qu'une envie : me blottir sous le plastique et dormir.

Boubker était ravi de revenir au port, à l'intérieur des pièces qu'il avait dessinées lui-même.

– Et si ce soir on dormait dans le salon, pour changer ?

– Parle moins fort, Boubker !

Mais Boubker était surexcité. Il criait :

– J'ai envie de tout déménager ! On va mettre la cuisine à la place de…

Il n'a pas eu le temps de finir sa phrase ; on a vu des lampes torches foncer sur nous. À cause des singeries de Boubker, les vigiles nous avaient repérés. Impossible de faire demi-tour. On était pris au piège, comme des rats. On n'avait pas le choix : il fallait sauter dans le trou et se planquer dans la cave d'Ali. Un rayon de lumière est venu balayer notre repaire. J'ai pris les choses en main :

– Tous dans la cave !

Omar a sauté le premier pour pouvoir aider Boubker, d'en bas. J'ai sauté à mon tour, juste à temps car j'ai entendu les vigiles arriver.

Dans la cave, la glace avait fondu à cause du soleil. On avait de l'eau jusqu'aux genoux. Nos pieds faisaient floc floc ; il ne fallait surtout pas bouger.

Au-dessus de nous, les vigiles arpentaient notre repaire. On les entendait bien :

– Je t'assure que je les ai vus, ces gosses ! Je ne comprends pas, ils ont disparu…

– Où est-ce qu'ils sont, ces parasites, bon sang ?

On était essoufflés. Nos respirations saccadées résonnaient très fort dans la cave. J'avais peur qu'ils nous entendent. Un jet de lumière s'est engouffré dans le trou. On s'est accroupis, les fesses dans l'eau, et on a attendu en silence. Boubker a eu si peur qu'il s'est fait pipi dessus.

Enfin, les vigiles ont fini par s'éloigner. Omar a gratté une allumette pour voir où se trouvait Ali ; on ne sentait pas son corps à nos pieds.

Quand la flamme s'est allumée, Boubker a poussé un cri de surprise. Il venait de découvrir un dessin sur le mur de la cave. Une fresque extraordinaire qui représentait un petit morceau de terre, au milieu de l'océan. Un jeune homme tenait une jeune femme par la main. Et tout en haut, dans le ciel, brillaient deux soleils. J'ai repensé à Ali qui descendait souvent dans cette cave, soi-disant pleine de rats. Ali ne m'avait jamais dit qu'il y avait dessiné son île.

J'étais très ému. Cette fresque était si vraie, si lumineuse qu'elle donnait envie d'y entrer… D'y rejoindre l'homme et la femme, sous les deux soleils…

On a cherché le corps de notre ami, dans l'eau. Rien. Plus d'Ali. Tout de suite, j'ai su :

– C’est Hamid ! La glace a fondu alors il est venu le chercher et il l’a mis dans sa glace à lui !

En quelques secondes, je me suis hissé hors du trou. Omar m’a suivi, et on a détalé jusqu’au bateau du pêcheur.

Il s’était enfermé dans sa cale. On l’a appelé à voix basse ; on avait peur de se faire repérer à nouveau… Quand il est enfin sorti, il était de très mauvaise humeur. Après moi, surtout :

– Tu me dis que tu vas chercher des clous et tu ne donnes plus signe de vie jusqu’à la nuit ?

– On a eu des problèmes, Hamid ! Avec Dib et sa bande…

Mais Hamid était vraiment fâché.

– J’ai eu tort de faire confiance à des enfants.

Ça m’a fait mal au cœur. Très mal au cœur. Pour une fois, j’avais vraiment l’impression d’atteindre le bout de quelque chose et Hamid me disait l’inverse. Heureusement, Omar est intervenu :

– C’est de ma faute. Je suis retourné chez Dib, avec la boussole que vous aviez donnée à Ali…

Hamid l'a regardé d'un air sévère. J'ai pris la parole :

– Hamid, c'est toi qui es venu le chercher pour le mettre dans ta glace ?

Il a acquiescé. J'ai poursuivi :

– Tu sais, on veut vraiment l'enterrer !

Le vieil homme nous a regardés, les yeux brillant comme deux bougies :

– L'enterrer ? Le mousse ?... Vous plaisantez ! Venez avec moi.

Il nous a entraînés à l'avant du sardinier. Puis il a soulevé une bâche. En dessous se cachait mon *mahmel*, transformé en bateau. Sans le savoir, je l'avais aidé à construire un petit bateau en bois, superbe, à la taille d'Ali. Comment avais-je pu ne pas y penser ? Bien sûr ! Un marin, ça ne va pas dans la terre !

– Tu as la boussole, Kwita ?

Je l'ai sortie de ma poche, fier de l'avoir récupérée.

– C'est bien. Garde-la précieusement, on en aura besoin demain.

On voyait qu'Hamid connaissait bien la mer…

– Dis, Hamid, est-ce qu'ils se couchent en même temps, les deux soleils ?

Il ne m'a pas répondu, il a dit :

– Maintenant, il faut dormir. Si vous voulez, vous pouvez coucher dans la cabine, il y a assez de place pour vous trois.

Nous trois… J'ai regardé Omar ; il était aussi inquiet que moi. En partant comme des voleurs, on avait oublié Boubker dans la cave.

– Grouille, Omar !

Quand on s'est retrouvés au-dessus du trou de la cave, on a nettement entendu les sanglots de notre ami.

– Allez, remonte, Boubker, a dit Omar en tendant la main.

– Il n'y a plus de Boubker ! Allez-vous-en !

Il avait une toute petite voix de bébé grincheux qui résonnait dans la cave. On a entendu le floc-floc de ses pieds qui tapaient sur le sol. Il était hors de lui.

– Je vais me noyer ! Voilà, je commence !

Cette fois, on a entendu des glouglous dans l'eau. Mais on le connaît, Boubker ! Dès qu'il y a de l'eau quelque part, il faut qu'il fasse des bulles.

– Allez, Boubker, remonte ! a continué Omar.

– Je ne peux pas te parler ; je suis en train de me noyer ! De toute façon, vous m'oubliez tout le temps !

J'étais fier de pouvoir lui répondre du tac au tac :

– Qui est-ce qui est venu te chercher chez Dib, cet après-midi ?

Boubker ne savait plus quoi dire. Il fallait qu'il trouve autre chose pour qu'on s'occupe de lui... Soudain, il s'est mis à hurler :

– J'ai vu Aïcha Kandicha, la sorcière ! Elle est là, accroupie dans l'eau, elle veut m'étrangler !

Omar et moi, on avait envie de rire mais on est restés sérieux pour que Boubker remonte. Il commençait à faire froid. Boubker continuait de geindre :

– Évidemment, vous ne me croyez pas ! Il n'y en a que pour Ali, de toute façon. Je vais me tuer ! Comme ça, moi aussi, on me prendra pour un prince.

Cette fois, Omar a ri franchement :

– Tu es trop petit. Tu as tout le temps de devenir un prince.

Boubker n'avait plus rien d'autre à faire que pleurer. Il s'est plaint qu'il n'avait plus de famille. Spontanément, Omar et moi, on a dit en chœur :

– Et nous alors ?

Du fond de son trou, le petit Boubker nous a fait jurer qu'on était sa famille. Après quoi, il a accepté de remonter. On l'a aidé à se hisser hors du trou.

Puis, tous les trois, on s'est envolés vers le bateau d'Hamid.

11

On a préféré dormir sur le pont du sardinier. Dans la cabine d'Hamid, il n'y a pas d'étoiles.

Ce soir-là, elles étaient si nombreuses qu'on ne savait plus où regarder dans le ciel. Je pensais à Ali. Je n'avais toujours pas trouvé d'uniforme mais j'avais participé à la construction de son bateau.

Pour la première fois, j'ai réussi à penser à lui sans avoir trop envie de pleurer. Sans cette grosse boule dans la gorge qui empêche de parler. Je regardais la Voie lactée…

– Je suis sûr qu'il nous voit en ce moment.

Omar m'a regardé, soucieux.

– Si ça se trouve, il est en train de souffrir. Peut-être qu'il hurle et qu'on ne l'entend pas. Ben oui ! Avec toutes les conneries qu'il a faites…

– Et toi, tu n'en as pas fait, des conneries, peut-être ?

Omar ne m'a rien répondu.

Mais je sais que, maintenant, Ali a une femme. Une femme comme celle de la fresque. Douce. Avec deux longues nattes. Une collégienne peut-être…

Boubker avait, lui aussi, les yeux plongés dans les étoiles. Il a soupiré, à moitié endormi :

– Peut-être qu'au paradis, tu peux faire ce que tu n'as jamais eu la chance de faire dans la vie.

Omar s'est réjoui :

– Moi, quand je serai mort, j'aurai trois voitures !

J'ai pensé qu'Ali, lui, était sans doute sur un grand voilier, en pleine mer…

– Imagine qu'il y a une tempête, a dit Omar.

– Et Aïcha Kandicha qui sort de l'eau pour l'étrangler ! a renchéri Boubker.

J'ai raconté la suite :

– Ali Zaoua se bat avec elle. Ça met longtemps parce que Aïcha Kandicha est beaucoup plus grande que lui. Mais tu sais comment il arrive à l'anéantir ? À coups de mâchoire !

– Ali Zaoua, Mâchoire d'acier, s'est réjoui Boubker. Ensuite, il tire son voilier avec ses dents jusqu'à son île…

– Il fait très chaud sur son île, a renchéri Omar.

– Normal, il y a deux soleils !

J'ai regardé les étoiles. J'y voyais Ali tenant la main de sa femme. Boubker était persuadé qu'elle portait déjà un petit Ali dans son ventre. Peut-être… Omar, lui, prétendait qu'il mangeait des tonnes de bonbons sur son île. Peut-être…

Moi, ce dont j'étais persuadé, c'est qu'Ali n'était plus ce sale *Chemker**, comme disent les adultes. Aujourd'hui, il était le prince de l'île.

Le lendemain, on s'est réveillés aux aurores. On avait beaucoup de choses à faire avant de rendre Ali à la mer. Être propres, d'abord.

On s'est rendus aux douches du port. Tous les trois. Sans le faire exprès, j'ai heurté un pêcheur. Aussitôt, il a levé la main vers moi. J'ai esquivé le coup de justesse. Je l'ai fixé et j'ai pensé très fort :

– Ne me touche pas !

Comme si l'homme avait lu dans mes pensées, il a rebroussé chemin.

On est sortis des douches, aussi propres que les gens. Quand Hamid nous a vus, les cheveux encore mouillés et brillants sous le soleil franc, il a écarquillé les yeux. À croire qu'il avait du mal à nous reconnaître. Il n'a pas fait de commentaires, il a juste dit :

– Boubker va m'aider à construire une voile pour le bateau du mousse. Et vous deux, vous savez ce que vous avez à faire…

Omar et moi, on a pris un air idiot, comme si on ne comprenait pas. Hamid a insisté :

– Il faut que sa mère soit là. C'est sa mère.

Omar a baissé la tête. Il repensait à Mme Zaoua, pleurante et violente, quand elle l'avait poussé dans le caniveau… Hamid a posé sa main sur l'épaule d'Omar :

– C'est dur pour elle. Normal, c'est son fils. Quoi qu'elle ait fait, elle l'aime.

Omar n'avait pas vraiment envie de la revoir. C'est moi qui l'ai traîné par la manche.

C'était étrange, j'avais l'impression d'avoir dix ans de plus. Tout ce qui m'avait fait si peur jusqu'à présent devenait accessible.

– Allez viens, Omar. On arrive au bout.

On s'est accrochés à l'arrière d'un bus. En un rien de temps, on était chez Mme Zaoua.

La porte de son appartement était entrouverte. On a frappé. Pas de réponse. On a poussé la porte. Le soleil entrait par les fenêtres, comme une lumière de paradis.

Omar connaissait déjà l'appartement ; il ne m'a pas laissé le temps d'être curieux. Très vite, il m'a emmené dans la petite chambre d'Ali.

Les murs étaient aussi bleus que la mer. Ils étaient couverts de photos : des voiliers, des phares, des terres lointaines... Le lit était intact, avec un couvre-lit blanc. C'était donc ici qu'Ali avait vécu avant de partir dans la rue. Omar s'est approché de la table de nuit pour me montrer le petit magnétophone qu'Ali branchait pour s'endormir. On avait envie de l'écouter, c'est normal. On a appuyé sur plusieurs boutons – Omar ne sait pas lire non plus. Soudain, le cri d'une mouette s'est échappé de l'appareil. Ce n'était pas du tout de la musique ; c'était la voix de Mme Zaoua. Elle reproduisait toutes sortes de sons : les vagues, le vent, les baleines... Elle racontait aussi :

– ... L'enfant plissait les yeux, il était ébloui. Au loin, se dessinait un petit morceau de terre. Les nuages commençaient à s'effacer et il faisait de plus en plus chaud. Le soleil brillait de tous ses feux. Soudain, un nuage se retira pour laisser apparaître un deuxième soleil, plus petit mais tout aussi étincelant. Il allait enfin savoir si les deux soleils se couchent en même temps.

Avec Omar, on était raides, attentifs. On voulait savoir la suite. Et puis, on a entendu « clac ». C'était la fin de la cassette. On aurait aimé la remettre au début, écouter l'histoire en entier mais on avait à faire. Trouver Mme Zaoua surtout.

On a arpenté le quartier dans tous les sens. On demandait aux gens s'ils l'avaient vue quelque part. Un gardien d'immeuble l'avait vue entrer dans la vieille fête foraine.

C'est là-bas qu'on l'a trouvée. Perdue et chancelante. Les manèges étaient rouillés et déserts, ils ne fonctionnaient plus depuis des années. Ali les avait sûrement connus autrefois, quand tout marchait encore.

Aujourd'hui, sa mère semblait le chercher. Elle passait d'un manège à l'autre, comme un papillon de nuit en quête de lumière.

Omar hésitait à s'en approcher. Il avait peur qu'elle le rejette à nouveau. Je l'ai encouragé :

– Vas-y ! Elle te connaît bien maintenant… Dis-lui que tu l'emmènes voir son fils ; elle a besoin de le voir. Même mort.

Omar a fait quelques pas. Il était méfiant. Elle l'a vu et elle m'a tout de suite regardé. J'ai senti qu'elle espérait voir Ali.

Omar lui a pris la main. Elle s'est laissé faire. Je n'ai pas entendu ce qu'il lui disait. D'ailleurs, il n'a jamais voulu me le dire plus tard. C'était quelque chose qui leur appartenait à tous les deux.

Omar aussi semblait avoir grandi. C'est lui qui a appelé un taxi. On est montés, tous les trois.

12

Sur le siège arrière du taxi rouge, Mme Zaoua était tendue. Elle agrippait la main d'Omar et, sans le vouloir, elle lui faisait mal.

Il y avait beaucoup de circulation. On ne roulait pas très vite. J'ai eu le temps de contempler la vitrine d'un magasin de jouets. Elle offrait toutes sortes de déguisements. J'ai hurlé :

– Stop !

Le chauffeur a pilé. Je venais juste d'apercevoir un pompon rouge. J'étais sûr qu'il s'agissait d'une panoplie de marin. Je ne m'étais pas trompé. Il me restait juste assez pour l'acheter. En remontant dans la voiture, je n'ai pas pu m'empêcher de crier de joie :

– Je l'ai, Omar, je l'ai ! Ce n'est peut-être pas un vrai mais c'est tout de même un uniforme de marin !

Le visage défait de Mme Zaoua m'a aussitôt calmé. Le chauffeur a repris sa route, et on a cessé de parler.

Au feu rouge, un enfant est venu mendier. Il avait tourné sa main à l'envers, comme si elle était handicapée. Mais Omar et moi, on n'est pas dupes. On lui a ri au nez. L'enfant nous a dévisagés. Il était si surpris de nous voir assis dans un taxi que sa main a repris sa position naturelle. Il a regardé Mme Zaoua, et le taxi a démarré.

Les gens sont vraiment curieux. Peu de temps après, on était encerclés par une foule de *Chemkaras* qui nous suivaient en courant. Parmi eux, j'ai reconnu deux garçons de la bande de Dib. J'ai fait comme si je ne les connaissais pas. De toute façon, ils avaient déjà le goût du passé.

Mme Zaoua semblait effrayée par tous ces enfants. Elle les dévisageait un à un. Je crois qu'elle espérait y voir le visage d'Ali.

Quand on est arrivés au port de pêche, elle est sortie du taxi et elle a dit :

– Où est Ali ? Où est mon bébé ?

Un enfant s'est approché d'elle et lui a demandé un dirham. Omar l'a écarté pour emmener Mme Zaoua sur le bateau.

J'ai couru jusqu'au sardinier pour donner l'uniforme à Hamid. Il s'est empressé de descendre dans sa cabine pour habiller le corps d'Ali.

Boubker était très impatient de me montrer sa voile. C'était un morceau de tissu blanc, accroché à un bâton de bois, solidement fixé au petit bateau-cercueil.

J'ai aidé Hamid à le sortir de la cabine. Ali était splendide dans cet uniforme. On n'aurait jamais cru qu'il s'agissait d'une panoplie. Il était allongé, immobile, les yeux fermés sur le petit bateau de bois. Son visage avait quelque chose de différent ; il était complètement détendu.

Hamid et moi avons posé le bateau-cercueil à l'avant. Puis on a entendu les enfants pousser des cris d'admiration. Ils se hissaient sur la pointe des pieds pour le voir.

Omar a dû écarter certains enfants pour se frayer un passage, il entraînait toujours Mme Zaoua par la main. Puis, il l'a aidée à monter sur le sardinier.

Quand elle a vu Ali dans son petit bateau, elle est devenue livide. Elle avait trop de chagrin pour réussir à pleurer. Elle s'est agenouillée à côté du corps de son fils. Elle a approché la main de son visage mais elle tremblait trop pour pouvoir le toucher.

Les enfants s'entassaient sur le quai, complètement fascinés.

Soudain, j'ai entendu :

– La vie…

Curieusement, aucun des enfants n'a fini la phrase. Ils avaient tous la bouche grande ouverte.

J'ai vu Dib écarter violemment la foule. Il s'est planté sur le quai, face au bateau. Je l'ai fixé. J'aurais voulu qu'il baisse les yeux mais il ne l'a pas fait.

J'ai fait signe à Hamid de mettre le moteur en marche. À ce moment-là, Dib a réagi. Il a voulu monter sur le bateau, s'imposer parmi nous. Je l'ai regardé une dernière fois. Dans mon regard, je voulais qu'il lise :

« C'est fini, Dib. Tu n'es pas invité. »

Il m'a fixé intensément. J'ai entendu le son du moteur. Pas lui. Il n'a pas bougé. Il est resté sur le quai avec les autres.

Lorsque le bateau a démarré, j'ai crié vers tous les enfants :

– J'ai une fiancée maintenant !

Le sardinier s'est éloigné en ronronnant. Bien qu'entouré de sa bande, Dib semblait minuscule.

Boubker n'a pas lu les prières. Il a chanté. Nous aussi. Pour lui dire au revoir. Mme Zaoua nous regardait, toujours agenouillée près du corps de son fils.

On est partis très loin, vers le large. Si loin qu'on ne voyait plus la côte. Boubker n'arrivait pas à rester en place. Il est monté tout en haut du mât, comme un chimpanzé. Moi, j'avais rejoint Hamid au gouvernail et je tenais la boussole d'Ali.

Soudain, Boubker s'est mis à crier, du haut du mât :

– Y a une île ! Hé ! Y a une île là-bas !

J'ai plissé les yeux, j'ai scruté l'horizon. Je ne voyais rien.

– Mais si ! continuait Boubker. De là-haut, on la voit !

Hamid a souri puis il a coupé le moteur. Je ne voyais toujours rien, Omar non plus. Boubker a été obligé de redescendre pour nous aider. C'était le moment de rendre Ali à la mer. Omar s'est approché de l'oreille de sa mère et a dit tout bas :

– Il voulait savoir s'ils se couchent en même temps, les deux soleils…

Et là, Mme Zaoua s'est mise à pleurer.

À l'aide d'une corde, on a soulevé le bateau-cercueil. On s'y est mis tous les quatre et, tout doucement, on l'a déposé sur l'eau. Puis il a bien fallu lâcher la corde.

On l'a regardé partir à la dérive. J'avais le cœur qui remontait jusque dans la gorge.

Ensuite, il s'est passé quelque chose d'incroyable. Quelque chose que je n'oublierai jamais. Le vent s'est levé brutalement et il s'est engouffré dans la voile du petit bateau. Boubker a poussé un cri. Lui qui l'avait fabriquée, qui avait fixé ce morceau de tissu de ses propres mains, voyait maintenant une voile immense se gonfler sous ses yeux.

Le voilier s'est retrouvé propulsé vers le large.

Le soir commençait à tomber. Soudain, au loin, j'ai aperçu un minuscule morceau de terre qui se confondait avec la ligne d'horizon.

J'ai dit à Hamid :

– Regarde ! Y a une île !

– Qu'est-ce que je disais ! a hurlé Boubker, surexcité.

Mme Zaoua nous a regardés puis elle a plissé les yeux vers le large. Elle aussi l'a vue, elle a esquissé un sourire. Puis Hamid a relancé le moteur pour faire demi-tour. Le bateau d'Ali était loin désormais. Il voguait comme une petite tache blanche, vers le morceau de terre.

On est repartis vers la côte. Plus personne ne parlait ; on pensait à Ali. J'ai regardé le ciel en silence. Le soleil était bas, tout orange. Juste à côté, j'ai vu la lune s'échapper d'un nuage. Je ne l'avais jamais vue si proche et si lumineuse…

13

Ce matin, en allant à l'atelier, j'ai vu mon visage dans le reflet d'une vitrine. Je commence à avoir un petit peu de poil sous le nez. J'ai l'impression qu'hier encore, Ali était avec moi et, en même temps, ça me paraît loin. Il ne se passe pas une journée sans que je pense à lui.

Je voudrais être menuisier. Apprenti d'abord. Ensuite, menuisier. Comme Ali qui aurait voulu être marin. Comme Ali qui, si on lui demandait pourquoi, répondait :

– Parce que. C'est ça que je veux faire.

LEXIQUE

Chemkaras (p. 21) : en arabe, *chem* signifie « sentir, renifler ». *Chemkaras* est un terme très péjoratif pour désigner ceux qui sniffent de la Silucione.

Chemker (p. 89) : est le singulier de *chemkaras*.

Dib (p. 11) : signifie « loup » en arabe.

Dirham (p. 25) : monnaie marocaine. Un euro équivaut à environ dix dirhams.

Foqha (p. 26) : religieux qui officient lors des enterrements.

Foqiha (p. 26) : vêtement que portent les religieux qui officient lors des enterrements.

Hammam (p. 57) : mot arabo-turc qui signifie « bain chaud ».

Mahmel (p. 44) : sorte de civière en bois sur laquelle on pose le corps du défunt, enroulé dans un linceul, pour le transporter jusqu'à la tombe.

Marabout (p. 25) : tombeau d'un vieil ermite saint de l'islam. Par extension on y enterre également les membres de sa famille.

Sourate (p. 26) : chapitre du Coran.

Ali Zaoua,
prince de la rue

D'après le film de Nabil AYOUCH
Scénario de Nathalie SAUGEON et Nabil AYOUCH

Une production PLAYTIME
(Jean COTTIN, Étienne COMAR, Antoine VOITURIEZ)

Une coproduction France / Maroc / Belgique
Playtime – TF1 international
Ali N'Productions - 2 M
Alexis Films – Ace Editing

Avec la participation de :
Canal +, TPS Cinéma, Gimages 3
Ventes à l'étranger : TF1 international

Ce film a bénéficié du soutien
de la commission du Fonds d'aide du Centre
cinématographique marocain,
du Fonds Sud du ministère des Affaires étrangères,
de l'Agence de la francophonie – ACCT,
du Fonds d'action sociale – FAS,
du Centre du cinéma et de l'audiovisuel de la communauté française de Belgique et des télédiffuseurs wallons,
de la Coopération internationale belge – DGCI,
de la Loterie nationale,
de l'aide au développement du programme
Média de l'Union européenne,
de l'aide au développement du Centre national
de la cinématographie,
de l'Unesco.

Achevé d'imprimer en Espagne par Novoprint
Dépôt légal : 2e trimestre 2013